BEI GRIN MACHT SICH IHR WISSEN BEZAHLT

- Wir veröffentlichen Ihre Hausarbeit,
  Bachelor- und Masterarbeit

- Ihr eigenes eBook und Buch -
  weltweit in allen wichtigen Shops

- Verdienen Sie an jedem Verkauf

Jetzt bei www.GRIN.com hochladen
und kostenlos publizieren

Bibliografische Information der Deutschen Nationalbibliothek:

Die Deutsche Bibliothek verzeichnet diese Publikation in der Deutschen National-
bibliografie; detaillierte bibliografische Daten sind im Internet über http://dnb.d-
nb.de/ abrufbar.

Dieses Werk sowie alle darin enthaltenen einzelnen Beiträge und Abbildungen
sind urheberrechtlich geschützt. Jede Verwertung, die nicht ausdrücklich vom
Urheberrechtsschutz zugelassen ist, bedarf der vorherigen Zustimmung des Verla-
ges. Das gilt insbesondere für Vervielfältigungen, Bearbeitungen, Übersetzungen,
Mikroverfilmungen, Auswertungen durch Datenbanken und für die Einspeicherung
und Verarbeitung in elektronische Systeme. Alle Rechte, auch die des auszugsweisen
Nachdrucks, der fotomechanischen Wiedergabe (einschließlich Mikrokopie) sowie
der Auswertung durch Datenbanken oder ähnliche Einrichtungen, vorbehalten.

Impressum:

Copyright © 2004 GRIN Verlag, Open Publishing GmbH
Druck und Bindung: Books on Demand GmbH, Norderstedt Germany
ISBN: 9783640492954

Dieses Buch bei GRIN:

http://www.grin.com/de/e-book/140711/das-franzoesische-als-gebende-sprache

Anonym

Das Französische als gebende Sprache

Die Folgen der normannischen Eroberung

GRIN Verlag

GRIN - Your knowledge has value

Der GRIN Verlag publiziert seit 1998 wissenschaftliche Arbeiten von Studenten, Hochschullehrern und anderen Akademikern als eBook und gedrucktes Buch. Die Verlagswebsite www.grin.com ist die ideale Plattform zur Veröffentlichung von Hausarbeiten, Abschlussarbeiten, wissenschaftlichen Aufsätzen, Dissertationen und Fachbüchern.

Besuchen Sie uns im Internet:

http://www.grin.com/

http://www.facebook.com/grincom

http://www.twitter.com/grin_com

PS: Die französische Sprache im Kontakt mit anderen Sprachen
Technische Universität Berlin
Institut für Romanische Linguistik
SoSe 2004

Das Französische als gebende Sprache

Die Folgen der normannischen Eroberung

Inhaltsverzeichnis

I.   Einleitung

Es soll untersucht werden, inwieweit die französische Sprache Einfluss auf das Englische hatte und welche Belege und Beweise man zu Rate ziehen kann, um diese Ereignisse zu belegen. Mittels Vokabelbetrachtung in beiden Sprachen kann man darauf schließen, dass ein reger Austausch zwischen den beiden Völkern bestand.

So ergeben sich mehrere Wortentlehnungen aus dem Französischen, Wortübernahmen in das Englische, Grammatikangleichungen und dergleichen.

Um einen Überblick über den Sprachkontakt zu bekommen wird die geschichtliche Komponente beleuchtet und dargestellt, wann und wie lange die beiden Kulturen miteinander Kontakt hatten. Die wichtigsten Daten werden hierbei berücksichtigt und genannt.

Anschließend widmet sich diese Arbeit der Herausstellung der Gemeinsamkeiten und der Unterschiede der beiden Sprachen. Es wird also auf Wortentlehnungen aus dem Altfranzösischen eingegangen, verschiedene Grammatikuntersuchungen beider Sprachen angestellt etc.

Diese Arbeit soll einen kleinen Einblick geben in die dichte Materie der Sprachenforschung.

So wurden in den Beispielen nur ausgewählte Wörter behandelt und gibt nur einen kleinen Einblick in diesen Stoff.

II.I   Geschichtlicher Hintergrund

Ursprünge

Die Normannen waren Germanen, deren Vorfahren über Dänemark nach Schweden und Norwegen kamen. Sie wurden auch Wikinger genannt, wobei die wahrscheinlichste Bedeutung des Wortes „ wik" Fjord[1] ist, also einer gemeint ist, der Fjorde unsicher macht

In den einzelnen Teilreichen herrschten viele Kleinkönige. Erst im Laufe des 9. und 10.Jh. konnte sich hier ein starkes Königtum herausbilden. Unterstützt wurde dieser Vorgang durch den Übertritt des Königs zum Christentum (10.Jh.).

Schon sehr früh zogen die Wikinger los, um mit der Welt Handel zu treiben oder sie auszuplündern bzw. zu besiedeln. Gründe für die Expeditionen waren einerseits die

---

[1] Autorenkollektiv: *Brockhaus,* Leipzig, Mannheim, 1994

Unfruchtbarkeit des Bodens, andererseits lebten aber auch zu viele Menschen in den wenigen fruchtbaren Siedlungen. Auch spielte der Hunger nach Gold, Ruhm, Frauen und Sklaven eine wichtige Rolle.

Deshalb strömten die Norweger nach Schottland, Irland, Island, Grönland, die Dänen nach England und Frankreich und die Schweden nach Russland.

860 wurde Island entdeckt. Es kam als viertes Land zu den Nordmännern hinzu.

Im Laufe des 10. Jh. wurden außerdem Grönland und Labrador entdeckt. Allein zwischen 985 und 1011 gab es fünf Expeditionen nach Nordamerika.[2] [3]

Die Normannen in der Normandie

Während des 9. Jh. zogen die Wikinger (überwiegend Dänen, aber auch Norweger) durch Nord- und Mittelfrankreich. Entlang der Flüsse plünderten sie Dörfer, Städte und Klöster. Auf ihren Plünderungszügen hatten die westfränkischen Könige den Normannen keine wirkungsvolle Streitmacht entgegenzusetzen.

Am Ende dieser Kämpfe stand der Vertrag von St. Clair-sur-Epte von 911 zwischen dem Normannenführer Rollo und dem französischen König Karl dem Einfältigen. In diesem Vertrag wurde festgehalten, dass die Normannen Christen werden, Karl den Lehnseid leisten und die Küsten vor anderen Normannen schützen sollten. Als Gegenleistung erhielten sie die Normandie als Siedlungsgebiet.[4]

Aufbau eines neuen Herzogtums

Was den Normannen im 10. und 11. Jh. gelang, war der Aufbau eines fast selbständigen Herzogtums von hoher kultureller Qualität. Sie bauten sehr viele Kirchen und Klöster und beschenkten sie reich. Schon bald blühte in der Normandie eine reichhaltige Klosterkultur. Die normannischen Klöster waren ein Ort der Gelehrsamkeit, Frömmigkeit und Gottesfurcht, aber auch der Reform.

Sie wurden Vorbild für viele Klöster in Frankreich. Trotz aller Zeichen kultureller Religiosität blieben die Normannen auch Krieger und Kämpfer, gefürchtet in ganz Europa. Innere Unruhen, Freude an Entdeckungen und politische Unzufriedenheit waren es auch, die viele wieder hinaus in die Welt trieben.

---

[2] Autorenkollektiv: *Goldmann Lexikon*, München, 1998
[3] http://de.encarta.msn.com © 1997-2004 Microsoft Corporation
[4] Sten Körner: *The Battle of Hastings*, England, and Europe 1035 – 1066, 1964

Herrschaftsform des Herzogs der Normandie (10.Jh.)

Nach geltendem Recht gehörte alles Land dem regierenden Herzog, der es seinen Lehnsleuten nur als Gegenleistung für ihre Gefolgschaft überließ. Die große Mehrheit der normannischen Adligen, alle Bischöfe und viele Klöster hatten ein Lehen unter der Bedingung inne, dass sie jederzeit eine bestimmte Anzahl ausgebildeter und ausgerüsteter Ritter stellen konnten.

So gewannen die normannischen Herzöge einen Adelsstand, der vor allem ihren eigenen Interessen diente.

Anders als im restlichen Mitteleuropa, lag die Macht nicht verteilt in vielen Händen (Lehnswesen), sondern sie lag zentral in der Hand des Herzogs. Ohne lehensrechtliche Bindungen und mit zentraler Verwaltung herrschte er nahezu absolut.

Ähnliche Feudalstrukturen gab es auch in anderen Ländern Westeuropas. Doch die Normandie übertraf alle anderen fränkischen Fürstentümer in der Strenge, mit der sie auf den Verpflichtungen ihrer Lehnsleute bestand. Ebenso wurde der Ausbildung und Ausrüstung der Armee größere Bedeutung beigemessen. Um die Gefahr von Adelsaufständen zu verringern, durften Burgen nur mit Erlaubnis der normannischen Herzöge gebaut werden. Auch die Pforten fremder Burgen auf seinem Gebiet mussten ihnen auf Verlangen geöffnet werden. Außerdem sorgten die Herzöge dafür, dass ihr eigenes Heer das jeweils größte im Herzogtum blieb; die Ausgaben dafür bestritten sie mit dem Gewinn aus Münzprägerecht, Handelszöllen, Gerichtsgebühren und den direkten Abgaben ihrer Lehnsleute. Über die Wahrung der herzoglichen Rechte wachten als Stellvertreter „Vicomtes", die ihnen direkt unterstanden. Sie mussten die Steuern eintreiben und für Recht und Ordnung sorgen. So hatten die normannischen Herzöge eine größere Macht in ihrem Gebiet als die übrigen westeuropäischen Herrscher jener Zeit.

Die Normannenherrschaft in England

Im Laufe des 9. Jh. kam es immer wieder zu Eroberungen und Besiedlungen im Osten Englands durch einfallende Dänen. In der Folgezeit waren Kämpfe zwischen Dänen und Angelsachsen an der Tagesordnung.

1016 erfolgte eine groß angelegte Invasion der Dänen. Ihr König, Knut der Große (1016-1035), eroberte England und einigte es unter seiner Herrschaft. Die Regierung seiner Söhne endete 1042, als sie ins Exil gehen mussten (Normandie), da nämlich der Angelsachse Eduard der Bekenner in diesem Jahr den Thron wieder erobert (bis 1066).[5]

Das Jahr 1066 - Die Herrschaft des "Bastards"

Nach dem Tod König Eduards usurpierte, Harald von Wessex, Graf von East Anglia, Wessex und Kent den englischen Thron. Dies kam zu Stande, indem er auf ein Vermächtnis des Königs verwies, der ihm auf dem Totenbett die Regentschaft übertrug. Harald hatte den Vorteil, dass er bei Eduards Tod in allernächster Nähe weilte. Kurzerhand ließ er sich in der gerade geweihten Londoner Westminster-Abtei als Harald II. zum König von England krönen, nur wenige Stunden nachdem der verstorbene König dort beigesetzt worden war. Kurze Zeit später musste er sich dann gegen einen weiteren Thronanwärter wenden. Wilhelm, genannt der Bastard, Herzog der Normandie, betrachtete sich als legitimer Nachfolger auf den englischen Thron, da er mit den englischen Königen verwandt war und König Eduard ihn während seiner Regierungszeit zum Nachfolger gemacht hatte. Im Oktober 1066 unternahm er die letzte erfolgreiche Invasion in der Geschichte Englands. Am 14. Oktober kam es bei Hastings zur Entscheidungsschlacht. Wilhelm gewann den Kampf und damit auch den Thron. [6] Innerhalb der nächsten fünf Jahre wurde ganz England unterworfen. Es begann die Zeit der Fremdherrschaft Englands durch die Normannen. Ämter und Würden wurden den Angelsachsen weggenommen und an dieNormannen verteilt. Als Wilhelm 1087 starb, hinterließ er ein wohlgeordnetes Land, das fest in normannischer Hand war.

Das Französische gewann vor allem am Hofe, aber auch in der Justiz und in der Kirche an Bedeutung, wie auch im täglichen Sprachgebrauch(Handel, Hauswirtschaft). Der Kontakt zwischen beiden Ländern intensivierte sich auch durch etliche königliche Hochzeiten seit der Vermählung von Henry II Plantagenêt und Aliénor d'Aquitaine(1152) bis hin zur Thronbesteigung Edwards IV (1461-1483). Bis zu diesem Zeitpunkt hat kein englischer Regent eine nicht aus Frankreich stammende Frau zur Königin gemacht.

---

[5].Brewer, *D.S: The Anglo- Saxon Chronicle*, A Collaborative Edition, mehrere Bände, Cambridge
[6] Ian W. Walker: *Harold, The last Anglo- Saxon King*, Sutton, Stroud, 1997

II.II Folgen der normannischen Eroberung

Durch die zahlreichen Vermählungen zwischen den beiden Königshäusern bestand ein reger Austausch an Kulturgüter zwischen den beiden Ländern.

Speziell im Bereich der Sprache beeinflussten sie sich enorm. So existieren bereits seit dem Beginn des 12. Jahrhunderts erste Belege über Sprachkontakte. Das englische Wort „ proud", welches im heutigen französisch mit „fier" übersetzt wird, aber im Mittelalter so viel wie „vaillant" bedeutete, zeugt von der gegenseitigen Beeinflussung, aber auch von der Wortentwicklung und Wandlung eines Wortes.[7]

Eine Vielzahl von englischen Wörtern weist schriftlich wie mündlich eine enge Verbindung zu den französischen Wörtern auf. Der Sinn blieb meistens der gleiche, jedoch änderten sich im Laufe der Jahre die Aussprache und die Schreibweise.

So lässt sich eine Vielzahl von Sprachverbindungen knüpfen, auf die später noch näher eingegangen wird.

III Wortentlehnungen aus dem Französischen als Folge der normannischen Eroberungen

Englisch	Französisch	Normannisch (anglo-normand)
I canvas	I toile	I canevas
II catch	II attraper	II chacier
III cauldron	III chaudron	III caudron
IV kennel	IV chenil	IV kenil

I.: <canevas> kommt aus dem „normanno-picard". Ursprünglich jedoch aus dem Lateinischen und bedeutet <cannabis>(frz.<chanvre>)

II.: <chacier> kommt aus dem Altfranzösischen und bedeutet im Neufranzösischen Ursprungsbedeutung von engl. <to catch> war im Englischen <chasser>

III.: <caudron> kommt aus dem anglo-normannischen. Das „L" (<caudron/cauldron>) wurde im 16 Jahrhundert wieder eingeführt, so dass das „L" im engl. < cauldron> zu Stande kommt. Ursprünglich kommt das Wort aus dem Lateinischen <calidarium>, wo die Übersetzng so viel wie < bain chaud> bedeutet.

---

[7] Banzhaf, Michaela : *Gesprochene Sprache und normannische Dialekt in der französischen Literatur*, Frankfurt
am Main, 2003

IV.: <kenil> kommt aus dem anglo-normannischen und bedeutet im Neufranzösisch < chenil>, ursprünglich kommt das Wort aber aus dem Vulgärlatein von <canile>, welches wiederum entlehnt wurde aus dem Wort <canem>

Bei dieser Tabelle kann man erkennen, dass mehrere englische Wörter aus dem Normannischen übernommen wurden, und dass es in Folge des intensiveren Sprachkontaktes zu mehreren Wortübernahmen und Entwicklungen kam.[8]

Ab dem Ende des 18. Jahrhunderts(1740) wurde der Konsonant „s" in der französischen Sprachgeschichte durch ein „accent circonflexe" ersetzt. Dies erfolgte nur, wenn ein Konsonant in derselben Silbe folgte.[9]

Die „Académie francaise" verbot somit mehr als 10.000 „s" im französischen Sprachgebrauch. Vor dem endgültigen Aussterben des Konsonanten, wurde diese, damals noch bestehende Regel, in das Englisch aufgenommen und konnte somit weiter bestehen.

Es finden sich etliche Wörter im Englischen, die diesen Vorgang belegen. Um eine Klassifizierung der bestehenden Wörter vorzunehmen, wurden sie in vier verschiedene Kategorien eingeteilt.

Die erste Kategorie(siehe unten stehende Tabelle) besteht aus Wörtern, die den „accent circonflexe" aus dem Französischen mit einem „-s" im Englischen umschreiben.

Die zweite Kategorie beschäftigt sich mit Wörtern, die den „accent aigu" mit einem „-es" umschreiben. Im Französischen wurde ab dem Jahr 1740 Vokabeln mit einer „-es"-Silbe mit einem accent aigu geschrieben, was zur Folge hatte, dass die Wörter, mit der bis dato üblichen Schreibweise, in das Englische mit eingeflossen sind, ohne die neue, französische Schreibreform zu beachten. Und so konnte sich die alte Regel einflussfrei in England weiterentwickeln.

Die dritte Kategorie klassifiziert Wörter aus dem Französischen, die im Laufe der Jahre mehrere Veränderungen durchgemacht haben und in abgewandelter Form in den Sprachgebrauch des anderen Landes übergegangen sind.[1011]

[8] Walter, Henriette : *Honni soit qui mal y pense. L'incroyable histoire d'amour entre le francais et l'anglais.* Paris. Éditions Robert Laffont,1997
[9] www.weikopf.de/sprache.html
[10] Catach, Nina: *Dictionnaire historique de l'orthographe francaise*, 1995
[11] Walter, Henriette : *Honni soit qui mal y pense. L'incroyable histoire d'amour entre le francais et l'anglais.* Paris. Éditions Robert Laffont,1997

Die vierte und letzte Kategorie ist ebenso wie die dritte, gekennzeichnet, durch einen stetigen Wort- und Begriffswandel.

Kategorie I

pastry	pâtisserie	*priest*	prêtre	*bastard*	bâtard
master	maître	*honest*	honnête	*tempest*	tempête
cost	coût	*alabaster*	albâtre	*haste*	hâte

Kategorie II

despite	en dépit de	*spice*	épice	*sponge*	éponge
scarlet	écarlate	*strange*	étrange	*study*	étude
to spy	épier	*spine*	épine	*to*	*respond*
répondre					

Kategorie III

custom	coutume

Kategorie IV

custard	sorte de crème renversée

Betrachtet man das Altfranzösisch und das Englische, so lassen sich mehrere Hinweise auf eine gemeinsame, gegenseitige Beeinflussung finden. Manche altfranzösische Wörter wurden in ähnlicher Weise geschrieben, wie sie noch heute im aktuellen Englisch geschrieben werden.

So wurde das Wort „étranger" im Altfranzösischen „forain" geschrieben, welches heutzutage im Englischen mit der gleiche Sinnbedeutung noch ähnlich geschrieben wird.

Solche Wörter belegen den engen sprachlichen Kontakt zwischen den beiden Kulturen. Altfranzösische Wörter wurden in den englischen Sprachgebrauch mit eingebunden und wurden nicht stetig verändert. Ganz anders verhielt es sich in Frankreich, wo eine Vielzahl von Wörtern in Folge der Umstrukturierung der Sprache abgeändert wurde.[12]

Wortentlehnungen aus dem Altfranzösischen

Englisch   Altfranzösisch.

<foreign>(étranger)   →   <forain>(étranger)
<to conceal>(cacher)   →   <conceler>(cacher)
<grief>(chagrin)   →   <grief>(chagrin)
<gown>(robe)   →   <gone>(longue cotte)
<change>(changer)   →   <changier>(changer)
<choice>(choix)   →   <chois>(choix)

Bei diesen Beispielen kann man sehen, dass die Schreibweise ungefähr die gleiche blieb, sich jedoch die Sinnbedeutung bei manchen Wörtern änderte. So ist die Übersetzung für das altfranzösische Wort <forain> heutzutage eine andere, als sie noch damals war. Heute bedeutet <forain> in Verbindung mit anderen Wörtern so viel wie Jahrmarktsfestivitäten, wohingegen die Bedeutung früher bei <étranger> lag. Viele altfranzösische Wörter, blieben nicht im neuen Französisch erhalten.[13][14]

Um einen genauen Überblick über den Einfluss des Französischen auf den englischen Sprachgebrauch zu bekommen, kann man alle existierenden Wörter im Englischen in verschiedene Kategorien einteilen.
So ergeben sich Kategorien, die die einzelnen Wörter klassifizieren und eine Einteilung aufzeigen. [15]
Diese Einteilungen beschäftigen sich mit englischen Vokabeln, die ungefähr gleich geschrieben oder phonetisch im Französischen ähnlich klingen und die analysiert

[12] Ayto, John: *Dictionary of word origins*, Oxford,1997
[13] Ayto, John: *Dictionary of word origins*, Oxford,1997
[14] Walter, Henriette : *Honni soit qui mal y pense. L'incroyable histoire d'amour entre le francais et l'anglais*. Paris. Éditions Robert Laffont,1997
[15] Schöntag, Roger: *Sprachkontakt: Grammatische Interferenz im Französischen?* , München 2003

werden, ob sie nun wirklich aus dem Französischen übernommen wurden oder wie die Ähnlichkeit zu Stande kam.[16]

Kategorie I.:

Englische Vokabeln, die eine Assoziation im Französischen wecken, da sie ähnlich geschrieben oder ausgesprochen werden, werden in der ersten Kategorie als „**falsche Freunde**" entlarvt, die zwar eine Assoziation zu einer ähnlich klingenden Vokabel im Französischen weckt, die aber anders übersetzt wird.

Beispiele:

Englisch:	**Bemerkungen:**
• <*actual*(adj.)>	• Assoziation zum Französischen Wort <*actuel*>. <*actuel*> bedeutet, übersetzt in das Englische, <*current*>. Das engl. Wort <*actual*(adj.)> bedeutet im Frz. <*réel*>
• <dispute>	• bedeutet im Englischen <discussion>, jedoch im Französischen < querelle>
• <pain>	• übersetzt in das Französische <douleur>. <pain> erinnert aber an das französische Wort für Brot (engl. bread)
• <surname>	• übersetzt in das Französische < nom de famille>. Das französische Wort <surnom> bedeutet aber im Englischen <nickname> (Spitzname)
• <sympathetic (adj.)>	• übersetzt in das Französische <compatissant>. Das englische Wort <sympathetic (adj.)> erinnert an das französische Wort <sympathique>, welches wiederum übersetzt in das Englische <likeable, nice> bedeuten würde.[1718]

11

Kategorie II.:

Die zweite Kategorie beschäftigt sich mit Wörtern, die im Französischen wie im Englischen sehr ähnlich geschrieben werden, bei denen die Sinnübersetzungen aber nicht für alle zutreffen.

Die zweite Kategorie spürt die Ungleichheiten auf und fasst diese in die Kategorie zusammen, die hier als „ **halbwahre Freunde**" tituliert werden.[19]

Beispiel:

Englisch:	**Bemerkungen:**
• <*chain*)>	• Assoziation zum Französischen Wort <*chaîne*>. Das französische Wort <*chaîne*> bedeutet einerseits wie im Englischen <*Kette*>, andererseits auch so viel wie <(Fernseh-) Kanal>. <(Fernseh-) Kanal> übersetzt in das Englische würde aber <channel> ergeben.

So kann man also davon ausgehen, dass eine Verwandtschaft zu dem korrespondierenden Wort in der Nachbarsprache besteht, man muss aber von einer Sinnerweiterung ausgehen und darf sich nicht blenden lassen von dem ersten Eindruck.

Kategorie III.:

Die homographische Kategorie mit mindestens einer Sinnübersetzung besitzt einen gleichen Sinn in den jeweiligen beiden Sprachen. Jedoch in einer der beiden Sprachen besitzt dieses entsprechende Wort noch eine weitere Sinnbedeutung.[20]

Die dritte Kategorie unterscheidet sich zu der zweiten insofern, dass in der dritten Klassifizierung das englische und das französische Wort identisch geschrieben wird.

---

[17] Ballard, Michel : *Les faux amis*, Paris, 1999
[18] Kirk- Greene : *Dictionary of faux amis*, Lincolnwood, Illinoios, 1990
[19] Walter, Henriette : *Honni soit qui mal y pense. L'incroyable histoire d'amour entre le francais et l'anglais*. Paris. Éditions Robert Laffont,1997
[20] Derocquigny, Jules/ Koessler, Maxime : *Les faux amis ou les pièges du vocabulaire anglais*, Paris,1964

Beispiele:

Das französische Wort *<ampoule>* und das englische Wort *<ampoule>* werden absolut gleich geschrieben, besitzen auch in einer Hinsicht den gleichen Sinn. Nämlich beide bedeuten übersetzt in das Deutsche: < Ampulle>. Im Französischen besteht dagegen eine weitere Bedeutung bei der Übersetzung in das Deutsche: < Glühbirne>. Das englische Wort kennt demnach nur eine Übersetzung für das diskutierte Wort, das Französische hingegen mehrere.[21][22]

Homographen, die sich den Sinn in beiden Sprachen teilen, wo aber im Französischen ein weiterer Sinn für diesen Homographen besteht. (+ =gleicher Sinn/ ++ = 1 weiterer Sinn)	Homographen, die sich den Sinn in beiden Sprachen teilen, wo aber im Englischen ein weiterer Sinn für diesen Homographen besteht. (+ =gleicher Sinn/ ++ = 1 weiterer Sinn)
• cousin	• convention
+ degré de parenté ++ moustique	+ accord ++ congrès
• café	• rare
+ débit de boissons ++ la boisson	+ pas fréquent ++ peu cuit

Kategorie IV.:

Diese Kategorie unterscheidet sich von der dritten Kategorie insofern, dass sie wie die vorherige die gleiche Schreibweise in beiden Sprachen aufweist, doch die Übersetzungsbedeutung nicht im Entferntesten miteinander zu tun hat. Daher wird diese Kategorie als eine homographische Kategorie mit Sinndifferenzen beschrieben.

[21] Walter, Henriette : *Honni soit qui mal y pense. L'incroyable histoire d'amour entre le francais et l'anglais.* Paris. Éditions Robert Laffont,1997
[22] Bouscaren, Christian/ Davoust, André: Les mots anglais qu'on crit connaître. Les mots-sosies, Paris 1977

13

Beispiele:

Französisch	Homographie der beiden Sprachen	Englisch
<peau>	*<chair> / <chair>*	*<chaise>*
<bride>	*<bride> / <bride>*	*<mariée>*
<chat>	*<chat> / <chat>*	*< bavardage>*
<rayon>	*<rayon> / <rayon>*	*<tissu>*

Bei diesen Beispielen handelt es sich um eine gleiche grammatikalische Kategorie, d.h., dass es sich hier bei beiden Wörtern um die gleiche grammatikalische Bezeichnung handelt(adj./adj,)/(subst./subst.)(…)).[23]

Es kann aber auch vorkommen, dass die beiden homographischen Wörter einen anderen grammatikalischen Kontext haben.[24] Um dieses Phänomen zu verdeutlichen, hier ein paar Beispiele.

Französisch	Homographie der beiden Sprachen	Englisch
<pour>	*<pour>(prép) / <pour>(verbe)*	*<verser>*
<pied>	*<pied>(subst.) / <pied>(adj.)*	*<bariolé>*
<sale>	*<sale>(adj.) / <sale>(subst.)*	*<vente>*
<four>	*<four>(subst.) / <four>(adj.num.)*	*< 4 >*

Die Zahl dieser auftretenden Homographien mit unterschiedlicher Sinnbedeutung schnellt bei den Wörtern mit dem Suffix –er schnell in die Höhe. Im Französischen wird das Suffix größtenteils für Infinitivendungen gebraucht, wohingegen im Englischen die Endung –er für Substantive verwendet wird. Aus dieser Situation entstehen etliche Missverständnisse, die hier aufgezeigt werden.

---

[23] Walter, Henriette : *Honni soit qui mal y pense. L'incroyable histoire d'amour entre le francais et l'anglais.* Paris. Éditions Robert Laffont,1997

[24] Pateau, Anne- Marie/ Barrie, Wiliam: *Les faux amis en anglais*, Paris, 1998

Französisch	Homographie der beiden Sprachen	Englisch
<brûler>	*<consumer>(inf.)/<consumer>(subst.)*	*<consommateur>*
<aller à pied>	*<marcher>(inf.) / <marcher>(subst.)*	*<manifestant>*
<enlever>	*<kidnapper>(inf.) / <kidnapper>(subst.)*	*<ravisseur>*

Natürlich gibt es trotz gleicher Schreibweise Unterschiede in der Aussprache und in der Betonung.

Kategorie V.:

In der fünften und damit letzten Kategorie werden die so genannten „**guten Freunde**" näher betrachtet. Diese zeichnen sich dadurch aus, dass sie homographisch sind und dazu den gleichen Sinn bei der Übersetzung in beide Sprachen haben. Allein die phonetische Aussprache gibt Aufschluss darüber, aus welchem Sprachkreis das spezielle Wort kommt. Diese Kategorie umfasst tausende Wörter, da sie am häufigsten vorkommen.

Beispiele:

<apposition> , <bistro> , <certain> , <dessert> , <effort> , <fatal> , <glamour> , <hallucination> , <ignorance> , <jazz> , <kilo> , <leader> , <mafia> , <nasal> , <obsession> , <parent> , <quark> , <radius> , <sacral> , <taxi> , <ultimatum> , <vagabond> , <whisky> , <xylophone> , <yoga> , <zone> , ...

Auch bei den "guten Freunden" bestehen Unterschiede in der Aussprache und in der Betonung. Je nach Sprachbereich werden einzelne Silben betont als in der anderen und anders akzentuiert.[25]

---

[25] Walter, Henriette : *Honni soit qui mal y pense. L'incroyable histoire d'amour entre le francais et l'anglais.* Paris. Éditions Robert Laffont,1997

15

IV   Fazit/Schlussbemerkung

Aufgrund des regen Austausches zwischen den beiden Völkern kam es zu vielen Wortübernahmen und Entlehnungen.

Als Anfangsdatum dieses intensivern Kontaktes kann man getrost das Landungskommando Wilhelms, genannt der Bastard, 1066 nennen. Von da an beeinflussten sich die beiden Kulturen zunehmend. Es entstand auf höchster Ebene ein intensiver Austausch der Kulturgüter, der dazu führte, dass auch die „Landbevölkerung" von diesem produktiven Nebeneinander nicht unberührt blieb. Gerade in den kirchlichen und staatlichen Institutionen erlebten die Bürger die sich anbahnende Kulturerweiterung.

Auch der damalige Entdeckergeist und der Wirtschaftskontakt zwischen den beiden Ländern ermöglichte es der Sprache über die Landesgrenzen des jeweiligen Landes zu kommen und die dort ansässige Sprache positiv zu beeinflussen und zu erweitern.

Bedeutend bei dieser Rolle sind sicherlich auch die geringe Distanz zwischen den beiden Reichen und die fortschrittliche Technologie der Seefahrt. Nur so waren die Einwohner jedes Landes imstande, Handel mit dem benachbarten Staat zu betreiben und den Wirtschaftskontakt voranzutreiben.

Um das ganze Ausmaß des langjährigen Sprachkontaktes aufzuzeichnen, bedarf es einer umfassenderen Betrachtung. Daher soll diese Arbeit einen Überblick und einen Einblick geben, wie der Sprachkontakt historisch entstand, wie er sich weiter entwickelte und welche Folgen diese Sprachinteraktion hatte.

Spannend ist die Betrachtung, wie manche englische Wörter vor den Reformen der französischen Sprache in Frankreich in das Englische aufgenommen wurden und sich weiter entwickelten, während parallel das sinngleiche Wort in Frankreich eine ganz andere Entwicklung durchmachte.

Wichtig bei der Betrachtung der beiden Sprachen ist die katalogisierte Einteilung der Wörter, die es ermöglicht, die einzelnen Wörter einzuteilen(Kriterien: Homographien, Sinnverwandtschaft, Homophonie, Phonetik …) und nach Verwandtschaftsgrad zu betrachten.

So entpuppen sich manche Wörter als „falsche Freunde" von denen man annimmt, dass zumindest eine enge Sinnverwandtschaft besteht. Mit Hilfe dieser Einteilung wird man eines besseren belehrt und man hütet sich davor vorschnelle Schlüsse zu ziehen und die Wörter erst einmal näher zu überprüfen.

Diese Arbeit soll damit auch dahingehend sensibilisieren, verwandte und entlehnte Wörter kritisch zu betrachten und sorgfältig einzuordnen.

BEI GRIN MACHT SICH IHR WISSEN BEZAHLT

- Wir veröffentlichen Ihre Hausarbeit,
  Bachelor- und Masterarbeit

- Ihr eigenes eBook und Buch -
  weltweit in allen wichtigen Shops

- Verdienen Sie an jedem Verkauf

Jetzt bei www.GRIN.com hochladen und kostenlos publizieren